LE CODE

DE

PROCÉDURE CIVILE

RÉSUMÉ EN

TABLEAUX SYNOPTIQUES

PAR

A. WILHELM

RÉPÉTITEUR DE DROIT

TROISIÈME ÉDITION

PARIS

CHALLAMEL AÎNÉ, LIBRAIRE-ÉDITEUR

5, RUE JACOB, 5

Et chez tous les Libraires de Droit.

1882

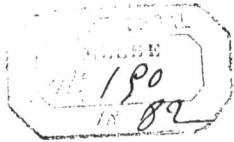

LE CODE

DE

PROCÉDURE CIVILE

RÉSUMÉ EN

TABLEAUX SYNOPTIQUES

PAR

A. WILHELM

RÉPÉTITEUR DE DROIT

TROISIÈME ÉDITION

PARIS

CHALLAMEL AÎNÉ, LIBRAIRE-ÉDITEUR

5., RUE JACOB, 5

Et chez tous les Libraires de Droit.

—

1882

AVERTISSEMENT

La faveur avec laquelle ont été accueillis les opuscules dans lesquels j'ai présenté, sous forme de tableaux synoptiques, les matières du droit civil et du droit romain, m'engage à compléter ce travail par la publication d'une nouvelle série de brochures ayant trait aux autres parties du programme des études de droit.

J'ai cru devoir commencer par la procédure civile dont l'étude semble toujours aux étudiants plus particulièrement aride, et à l'égard de laquelle la nécessité de retenir de mémoire un grand nombre de détails et d'énumérations rend tout spécialement utile un résumé de cette nature.

A. WILHELM,

RÉPÉTITEUR DE DROIT.

AVIS

———

Le Code de procédure civile comprend 1042 articles et est divisé en deux parties : la première indiquant le cours de la procédure en général, la seconde faisant connaître les formalités que comportent certaines procédures spéciales.

Le programme des études de deuxième année néglige entièrement cette seconde partie comme purement pratique, et ne comprend dans la première que les articles 48 à 510, c'est-à-dire, le cours normal d'une procédure ordinaire, ainsi que les principaux incidents qui peuvent s'y rencontrer.

Le programme laisse également de côté les articles 1 à 47 spéciaux à la juridiction des juges de paix et à la procédure qui y est suivie, ainsi que le Livre V relatif à l'exécution des jugements.

ORGANISATION JUDICIAIRE.

Composition des diverses juridictions civiles.

(Lois des 24 août 1790, 27 ventôse an VIII et 20 avril 1810. — Décret du 30 mars 1808, etc.)

Justices de paix
{
1 seul juge, amovible, nommé sans conditions de capacité ;
2 suppléants pris parmi les officiers ministériels, etc. ;
1 greffier chargé des écritures ;
pas d'organe du ministère public.
}

Tribunaux d'arrondissement ou de première instance
{
de 3 à 12 juges inamovibles (1), recrutés parmi les juges suppléants ou les magistrats du ministère public ;
de 3 à 6 juges suppléants choisis parmi les licenciés en droit ayant fait leur stage d'avocat ;
1 procureur de la République, organe amovible du ministère public, recruté parmi les substituts ;
1 ou plusieurs substituts chargés de suppléer ou d'assister le précédent et recrutés parmi les licenciés en droit ayant accompli le stage d'avocat ;
1 greffier chargé des écritures et assisté d'un ou plusieurs commis-greffiers ;
des avoués (2), mandataires officiels, dont le ministère est obligatoire pour les parties ;
des huissiers (2), chargés de signifier les actes de procédure et d'y donner date certaine par leur signature et leur affirmation.
}

Cours d'appel
{
de 20 à 40 conseillers inamovibles recrutés parmi les magistrats des tribunaux d'arrondissement ;
1 procureur général, organe du ministère public et chef des parquets du ressort ;
de 2 à 4 avocats généraux, chargés de porter la parole en remplacement de leur chef ;
substituts, en nombre variable, chargés du travail des bureaux (3) ;
1 greffier assisté de plusieurs commis-greffiers ;
des avoués et huissiers en nombre suffisant.
}

Cour de cassation
{
1 premier président, 2 présidents et 45 conseillers, tous inamovibles ;
1 procureur général et 6 avocats généraux, amovibles ;
1 greffier en chef et 4 commis-greffiers ;
60 avocats, titulaires de charges et faisant office d'avoués.
}

JURIDICTIONS SPÉCIALES.

Conseils de prud'hommes dans les villes manufacturières
{
1 président et 1 vice-président nommés par le chef de l'État ;
au moins 3 patrons } élus pour 6 ans par leurs pairs ;
au moins 3 ouvriers }
1 secrétaire nommé par le préfet et amovible.
}

Tribunaux de commerce selon les besoins
{
de 3 à 15 juges dits *consulaires*, élus, pour 2 ans, par les notables commerçants, parmi des commerçants ayant exercé pendant 5 ans au moins et âgés de 30 ans au moins ;
1 greffier et pas d'organe du ministère public ;
des huissiers en nombre suffisant ;
des agréés faisant tout à la fois office d'avoués et d'avocats, mais dont le ministère n'est pas obligatoire.
}

NOTA : Pour être avocat, il faut être pourvu du diplôme de licencié en droit, prêter un serment professionnel et être inscrit au tableau de l'ordre des avocats : après un stage de 3 ans, l'inscription est définitive, sauf démission ou radiation disciplinairement prononcée par le conseil de l'ordre. — Le ministère des avocats, toujours facultatif, sauf devant la cour de cassation, peut être rempli par toute personne devant la Justice de paix et les tribunaux de commerce : devant les tribunaux d'arrondissement et les cours d'appel, l'inscription au barreau est indispensable, excepté pour la partie qui obtient du président l'autorisation de se défendre elle-même.

(1) L'inamovibilité de la magistrature assise remonte à Louis XI (Ord. du 27 octobre 1467) ; elle a été formellement consacrée par la Charte du 4 juin 1814 (Art. 28) et n'a été contestée en principe, depuis lors, par aucun acte.
(2) Leur nombre est proportionné aux besoins du ressort.
(3) Voir un décret du 29 mai 1876 instituant des attachés à la chancellerie et aux parquets, recrutés au concours parmi les docteurs en droit.

ORGANISATION JUDICIAIRE.

Compétence des diverses juridictions civiles.

Juges de paix
(Loi du 25 mai 1838)
- en dernier ressort, jusqu'à 100 francs ;
- en premier ressort : jusqu'à 1500 francs / sans limite } suivant les distinctions tracées par la loi du 25 mai 1838.
- Conciliation (Voir ci-dessous, page 7.)

Tribunaux d'arrondissement
(Loi du 11 avril 1838)
- appel des décisions rendues en premier ressort par les juges de paix ;
- en dernier ressort :
  - jusqu'à 1500 francs de capital en matière personnelle et mobilière ;
  - jusqu'à 60 francs de revenu en matière immobilière ;
- en premier ressort :
  - toutes autres affaires civiles, quel que soit l'intérêt engagé ;
  - discipline des officiers ministériels attachés au tribunal.

NOTA. — A défaut de tribunal de commerce, le tribunal d'arrondissement connaît des matières commerciales. (C. de commerce, art. 640.)

Cours d'appel
(Loi du 27 ventôse an VIII)
- en dernier ressort, appel des jugements des tribunaux d'arrondissement ou de commerce ;
- en premier et dernier ressort :
  - prises à partie ;
  - réhabilitation de faillis ;
  - discipline des officiers ministériels exerçant près la cour.

Cour de cassation
(Loi du 27 ventôse, an VIII)
- comprenant :
  - une chambre dite *des requêtes* qui prononce sur l'admissibilité du pourvoi ;
  - une chambre dite *civile* appelée à statuer sur le bien fondé du pourvoi ;
- pouvant annuler en cas de :
  - incompétence ou excès de pourvoir ;
  - violation de la loi (1) ;
  - violation des formes prescrites à peine de nullité (2) ;
  - contrariété de jugements rendus en dernier ressort par des tribunaux différents (3) ;
- investie du droit de régler de juges lorsqu'il y a conflit de juridictions ;
- qui, lorsqu'elle statue pour la seconde fois sur un même point de droit, rend, toutes chambres réunies, un arrêt qui, dans l'espèce, a force de loi interprétative. (Loi du 1er avril 1837.)

Conseils de prud'hommes
(Décret des 11 juin 1809, 20 février 1810)
- un bureau particulier ou de conciliation, appelé à concilier les différends entre patrons et ouvriers ;
- un bureau général ou de jugement statuant :
  - en dernier ressort, jusqu'à 200 francs ;
  - en premier ressort au-dessus de ce chiffre.

Tribunaux de commerce
(C. de commerce, art. 631 à 639)
- appel des décisions des prud'hommes ;
- affaires commerciales entre commerçants, banquiers et agents de change ;
- procès ayant trait :
  - à l'exécution des lettres de change ;
  - aux billets souscrits par les comptables des deniers publics ;
- jugements :
  - en dernier ressort sur les demandes :
    - dont le principal n'excède pas 1500 francs ;
    - reconventionnelles ou en compensation, se rattachant aux précédentes ;
    - à propos desquelles les parties ont valablement déclaré renoncer à l'appel.
  - en premier ressort, sur les demandes dont le principal excède 1500 francs.

---

(1) Ce motif est plus fréquemment invoqué que tout autre, par la raison qu'il embrasse à lui seul la plupart des questions d'interprétation du droit civil.

(2) A la condition toutefois que l'exception de nullité ait été invoquée devant les juges du fonds et rejetée par eux. (Comp. requête civile, ci-dessous, page 28.)

(3) Si les jugements contradictoires émanent du même tribunal, il y a ouverture à la requête civile. (Voir loc. cit.)

PROCÉDURE DEVANT LES TRIBUNAUX D'ARRONDISSEMENT.

1ʳᵒ PARTIE. — Débuts du procès (Art. 48-74).

PRÉLIMINAIRE DE CONCILIATION.

Toute demande introductive d'instance, devant un tribunal d'arrondissement, est assujettie à une formalité préalable appelée *préliminaire de conciliation*, sauf les exceptions suivantes :

Sont dispensées de conciliation les demandes

- sur lesquelles toute transaction est impossible
  - par défaut de capacité des parties (incapables et leurs représentants légaux, représentant des personnes morales, publiques, etc.) ;
  - à cause de la matière (Art. 1004 C. Pr.).
    - dons et legs d'aliments, logement et vêtement ;
    - séparations de corps ou de biens ;
    - questions d'état et généralement les causes sujettes à communication au ministère public (voir page 8) ;
- requérant célérité (commerce, mise en liberté, main-levée de saisie ou opposition, etc.) ;
- formées contre plus de deux défendeurs (1).

Formalités

- citation devant le juge de paix
  - en matière réelle, personnelle ou mixte, au domicile (2) du défendeur ou de l'un des défendeurs au choix ;
  - en matière de succession, au lieu d'ouverture de la succession (3) ;
  - en matière de société, au lieu où elle est établie.
- délai de *trois jours* francs au moins (4) ;
- comparution des parties en personne ou de leur mandataire spécial ;
- amende de 10 francs contre la partie qui néglige de comparaître ou de se faire représenter ;
- en cas de conciliation, procès-verbal ayant force d'obligation privée (5) ;
- faute d'arrangement, procès-verbal de non-conciliation.

NOTA.—En conciliation, le serment peut être déféré, mais n'est pas décisoire. (Comp. Code civil, art. 158 et s.)

AJOURNEMENT.

Exploit d'huissier

- contenant
  - date, désignation du demandeur et constitution d'avoué,
  - désignation de l'huissier,
  - désignation sommaire du défendeur et mention de la remise ou *parlant à*,
  - désignation de l'héritage en matière réelle,
  - objet de la demande et moyens sommaires,
  - désignation du tribunal et délai pour comparaître,
  - indication du coût de l'exploit ;
- à l'appui duquel il est remis copie du procès-verbal de non-conciliation et des pièces sur lesquelles repose la demande ;
- invitant à comparaître
  - dans le délai
    - de 8 jours francs, plus 1 jour par 5 myriamètres, si le défendeur est domicilié en France (Art. 1033 et loi du 3 mai 1862) ;
    - de 1 à 8 mois s'il est domicilié hors de France ;
    - (les délais sont doublés, pour les pays d'outre-mer, en cas de guerre maritime);
  - en matière réelle, devant le tribunal de la situation de l'immeuble ;
  - en matière personnelle, devant le tribunal du domicile du défendeur ou de l'un des défendeurs au choix ;
  - en matière mixte, devant le tribunal de la situation ou celui du domicile ;
  - en matière de société, au siége social ;
  - en matière de succession, devant le tribunal du lieu d'ouverture de la succession ;
  - en matière de faillite, devant le tribunal du domicile du failli ;
  - en matière de garantie, devant le tribunal saisi de la demande originaire.

---

(1) Le restant des cas énoncés à l'art. 49 rentre dans l'énumération ci-dessus ou a trait à des demandes presque toujours incidentes.
(2) Le domicile élu, s'il y en a, est préféré au domicile réel.
(3) Cette compétence dure jusqu'au partage inclus et s'étend même à l'action en rescision du partage.
(4) Un délai franc est celui dans le calcul duquel on ne compte ni le point de départ ni le point d'arrivée.
(5) C'est-à-dire, ne pouvant emporter une hypothèque judiciaire.

2ᵉ PARTIE. — Procédure ordinaire. — Cours normal (ART. 75-84).

Constitution d'avoué
- mandat donné à un avoué de représenter la partie au procès.
- effectuée
  - par acte d'avoué à avoué, dans les *délais de l'ajournement* ;
  - au besoin à l'audience, sauf à la réitérer dans *le jour* par acte.
- dont l'omission soumet le plaideur à la procédure par défaut, faute de comparaître (voir page 13) ;

Défenses (requêtes du défendeur)
- réponse aux allégations contenues dans l'exploit d'ajournement ou dans les pièces qui l'accompagnaient;
- devant être signifiées par acte d'huissier dans les *quinze jours* de la constitution d'avoué ;
- accompagnées de l'offre de communiquer les pièces.

Réponses (requêtes du demandeur)
- réplique aux défenses ;
- devant être signifiées dans les *huit jours* qui suivent la signification des défenses.

Mise au rôle
- général. — Inscription de la cause au greffe, à la requête de la partie la plus diligente. (Chaque partie a le droit de requérir la mise au rôle, soit lorsque l'adversaire laisse écouler sans agir les délais qui lui sont impartis, soit lorsqu'elle renonce au droit de réponse qui lui appartient.)
- particulier : distribution de la cause par le Président du tribunal à l'une des chambres. (Art. 59 et s. du Décret du 30 mars 1808, modifié le 10 novembre 1872.)

Avenir. — Avertissement donné à son adversaire par la partie qui a requis la mise au rôle (un seul entre en taxe).

Communication au ministère public
- communication du dossier, effectuée par l'avoué, 3 *jours* avant l'appel de la cause (1) ;
- exigible des avoués
  - toutes les fois que le ministère public le demande ;
  - pour toutes les affaires intéressant
    - l'ordre public
      - l'Etat, le domaine, les communes, les établissements publics ;
      - déclinatoires d'incompétence, règlements de juges, renvoi et récusation, prises à partie ;
    - les incapables
      - femmes mariées
        - non autorisées par leur mari,
        - même autorisées, s'il s'agit de leur dot inaliénable,
      - mineurs, interdits et absents, tous individus défendus par un curateur ou par un administrateur judiciaire ;
- l'inobservation de cette formalité permet à la partie que le ministère public était appelé à protéger d'agir par voie de requête civile. (Voir page 28.)

Appel de la cause. — Au jour fixé par le président de la chambre et notifié dans l'avenir.

Echange des conclusions à l'audience. — Lecture, par l'avoué de chacune des parties, des pièces, défenses et réponses sus-mentionnées.

NOTA. — Aussitôt après l'échange des conclusions, l'affaire est dite *en état* et le président fixe un jour pour plaider.

---

(1) Ce délai n'étant pas prescrit à peine de nullité, les avoués se bornent souvent à faire la communication à l'audience.

3ᵉ PARTIE. — Audience — plaidoiries — délibéré — instruction par écrit (Art. 85-115).

Les audiences
- sont publiques, à moins que le tribunal, par une délibération spéciale et motivée, n'ait ordonné le huis-clos ;
- se tiennent sous la direction du Président ;
- ne peuvent être troublées par qui que ce soit, sous peine d'une répression immédiate.

Les plaidoiries sont effectuées
- au jour fixé par le Président de la chambre ;
- normalement, par les avocats inscrits au barreau du ressort (celui de la cour d'appel) ;
- par les avoués { pour les incidents de procédure ; dans les ressorts où les avocats sont en nombre insuffisant ;
- par les parties elles-mêmes, si elles le désirent, sous la surveillance du tribunal ;

Le délibéré

simple
- consiste dans le renvoi à une autre audience pour la prononciation du jugement ;
- permet aux juges de se concerter longuement et de préparer la rédaction de la sentence ;
- est ordonné par le tribunal après la clôture des débats.

sur rapport
- consiste dans le dépôt des pièces sur le bureau du tribunal, avec désignation d'un juge chargé de faire le rapport de l'affaire ;
- est ordonné par le tribunal après la clôture des débats ;
- se termine par un rapport lu à l'audience par le juge, auquel les défenseurs ne peuvent pas répondre, si ce n'est par écrit.

L'instruction par écrit
- peut être ordonnée par le tribunal dès le début de toute cause, soit d'office, soit à la requête d'une des parties ;
- est ordonnée dans les affaires d'enregistrement, de comptes de tutelle, etc. ;
- consiste dans la suppression de toute plaidoirie ;

comporte les formes suivantes
- signification du jugement qui ordonne l'instruction par écrit (1) ;
- dans les 15 *jours* (2), signification par le demandeur de ses moyens ;
- dans les 24 *heures* (2), production des pièces et signification de cette production ;
- dans les 15 *jours* (2), signification par le défenseur de sa réponse (3) ;
- dans les 24 *heures* (2), dépôt des pièces et signification de ce dépôt ;
- dans les 8 *jours* (2), réplique du demandeur ;
- rapport par le juge à ce commis. — Les parties ne peuvent répondre au rapporteur, si ce n'est par note écrite et pour redresser les erreurs matérielles qui auraient pu lui échapper.

Nota. — Si une partie ne produit pas ses pièces dans les délais ci-dessus, il est passé outre à la requête de l'autre partie, et l'affaire est jugée sur les documents produits. — Si l'un des plaideurs ne produit aucune pièce, le procès est jugé exclusivement sur les pièces de l'autre partie : le jugement rendu est alors dit : *par forclusion*, et, comme tel, non susceptible d'opposition.

___

(1) Ce jugement, s'il est rendu par défaut, est susceptible d'opposition.
(2) Chacun de ces délais a pour point de départ l'accomplissement de la formalité précédente.
(3) S'il y a plusieurs défenseurs, chacun d'eux a un délai particulier de 15 jours.

DES JUGEMENTS.

Diverses divisions des jugements.

Jugements
- avant faire droit
  - provisoires — pourvoyant à certaines nécessités urgentes et n'ayant d'effet que pendant la durée du procès ;
  - préparatoires — ordonnant certaines mesures destinées à faciliter la solution du litige dont le fonds est réservé ;
  - interlocutoires — préparant la décision et préjugeant le fonds du droit ;
- définitifs — décision rendue sur le fonds et épuisant la compétence du tribunal qui l'a rendue (1).

Les jugements définitifs

se divisent en
- contradictoires — rendus entre parties représentées par leurs avoués ;
- par forclusion — cas spécial à l'instruction par écrit (voir page 9) ;
- par défaut
  - contre partie ou faute de comparaître ;
  - contre avoué ou faute de conclure.

se divisent en
- jugements en dernier ressort — non susceptibles d'appel ;
- jugements en premier ressort — susceptibles d'être attaqués par voie d'appel.

se divisent en
- exécutoires par provision — dont l'exécution forcée peut être poursuivie nonobstant appel ;
- non exécutoires par provision — dont l'effet est suspendu pendant le cours du délai pour interjeter appel.

sont rendus en matière
- contentieuse — lorsque deux intérêts contraires sont en présence et se combattent ;
- gracieuse
  - jugements d'expédient — homologation judiciaire de la convention des parties ;
  - jugements sur requête — concession d'une demande formée par une partie qui n'a pas de contradicteur.

Formes des jugements
- ils sont rendus à la majorité absolue des voix ;
- en cas de partage inégal, les juges de l'opinion la plus faible sont tenus de se réunir à l'une des autres ;
- en cas de partage égal, on appelle un juge départiteur après un second tour de scrutin ;
- concours des mêmes juges, jusqu'à la fin de chaque phase de la procédure ;
- la délibération des juges doit demeurer secrète ;
- le jugement est prononcé en séance publique, même lorsque le huis-clos a été ordonné.

---

(1) Une déclaration d'incompétence est un jugement définitif.

Mesures diverses ordonnées dans les jugements (Art. 116-148).

Comparution personnelle
- manière de provoquer l'aveu d'une des parties devant le tribunal ;
- ordonnée soit d'office, soit sur la demande d'un des plaideurs ;
- consistant dans l'interrogation directe de la partie par le tribunal ;
- exécutée au jour fixé à l'avance, mais sans notification préalable des questions qui seront adressées ;
- dont le refus constitue une présomption grave contre celui qui s'y refuse.

Serment (Art. 1357 et s. du Code civil)

- *de deux sortes*
  - **décisoire**
    - déféré par l'une des parties à l'autre sur un fait personnel ;
    - applicable à toute cause susceptible d'aveu et de transaction ;
    - ayant pour effet d'entraîner
      - pour celui qui le prête, le gain du procès ;
      - pour celui qui le refuse, la perte du procès.
    - pouvant être référé. — Cette relation a pour effet de renverser les rôles.
  - **supplétoire**
    - déféré par le tribunal à l'une des parties sur faits déterminés ;
    - applicable à deux conditions :
      - que la demande ne soit pas pleinement justifiée ;
      - qu'elle ne soit pas totalement dénuée de preuves ;
    - ayant pour effet d'éclairer le tribunal sans le lier.

- *prêté*
  - en présence de l'adversaire ou lui dûment appelé ;
  - par la partie en personne
    - à l'audience du tribunal ;
    - en cas d'empêchement légitime, entre les mains d'un juge à ce commis.

Délai de grâce (Art. 1244 du Code civil)
- concessible par le tribunal dans des limites restreintes ;
- *courant*
  - du jour du jugement, s'il est contradictoire ;
  - du jour de la signification, s'il est par défaut.
- *ne pouvant être accordé*
  - pour le paiement des lettres de change et billets à ordre ;
  - en cas de vente, lorsque la résiliation de plein droit a été stipulée pour le cas de non-paiement du prix au jour fixé ;
  - au débiteur (1)
    - dont les biens sont vendus sur saisie ;
    - failli, contumax ou prisonnier pour dettes ;
    - ayant diminué par son fait les sûretés dues au créancier ;
- n'empêchant pas les actes conservatoires.

Contrainte par corps
- supprimée en matière civile, commerciale et contre les étrangers (Loi du 22 juillet 1867);
- *applicable en matière criminelle*
  - pour paiement d'amendes, restitutions et dommages-intérêts ;
  - pour frais envers l'État (Loi du 19 décembre 1871) ;
  - pour dommages-intérêts dus par suite de faits criminels ou délictueux ;
- proportionnée à la somme due. (Loi du 22 juillet 1867.)

Dommages-intérêts
- réparation pécuniaire du préjudice causé ;
- *invariablement fixés*
  - au montant de la clause pénale, s'il en a été stipulé une ;
  - aux intérêts légaux, s'il s'agit de sommes d'argent ;
- arbitrés par les juges d'après les documents de la cause ;
- à fixer par état, lorsque le chiffre n'en peut encore être déterminé.

(1) Ces circonstances entraînent même la déchéance du terme de droit.

Mesures diverses ordonnées dans les jugements (Suite).

Restitution de fruits
- effectuée en nature
  - pour les fruits perçus dans l'année qui précède la demande ;
  - pour les fruits perçus depuis la demande ;
- effectuée en argent
  - toutes les fois que les fruits ci-dessus ont été consommés ;
  - pour les fruits antérieurs à l'année qui précède la demande ;
  - d'après les mercuriales ou à dire d'experts.

Dépens
- supportés
  - intégralement par la partie qui succombe sur le tout ;
  - partiellement mais non solidairement, s'il y a plusieurs individus qui succombent ;
- compensés c.-à-d. répartis
  - entre conjoints, ascendants, descendants, frères et sœurs ou alliés à ces degrés ;
  - entre parties ayant succombé respectivement sur quelques chefs;
- distraits au profit des avoués qui, devenus créanciers directs du perdant, sont à l'abri des conséquences de l'insolvabilité du gagnant.

Demandes provisoires
- jugées en même temps que le fonds, s'il est en état ;
- jugées par jugement séparé dans le cas contraire.

Exécution provisoire
- devant être demandée avant le jugement et ne pouvant être accordée d'office (1) ;
- accordée sans caution et toutes les fois qu'elle est requise, s'il y a titre authentique, promesse reconnue, ou condamnation antérieure devenue définitive ;
- pouvant être ordonnée avec ou sans caution pour
  - questions de scellés et d'inventaires,
  - réparations urgentes,
  - expulsion de locataires à défaut de bail,
  - sequestres, commissaires et gardiens,
  - réception de cautions, .
  - nomination de tuteurs et curateurs,
  - pensions ou provisions alimentaires ;
- permettant d'exécuter le jugement, nonobstant appel ;
- inapplicable aux dépens.

Rédaction des jugements
- la minute contient
  - les noms des juges et de l'organe du ministère public,
  - les motifs,
  - le dispositif;
- la grosse ou expédition contient en outre
  - les qualités (2)
    - désignation des parties et de leurs avoués,
    - conclusions des parties,
    - points de fait et de droit ;
  - la formule exécutoire.

Signification des jugements
- tous jugements sont signifiés à avoués ;
- tous jugements définitifs ou provisoires emportant condamnation sont, en outre, signifiés à la partie ;
- elle est le préalable nécessaire de l'exécution d'un jugement qui, jusque-là, est réputé inconnu.

---

(1) Elle a lieu de plein droit pour les jugements des tribunaux de commerce et les ordonnances de référé.
(2) Les qualités sont rédigées par les avoués : en cas de désaccord, il est statué par un des juges qui ont concouru au jugement de l'affaire.

Jugements par défaut et oppositions (Art. 149-165).

Défaut

contre partie ou faute de comparaître
- donné contre la partie qui n'a pas constitué avoué dans les délais de l'ajournement ;
- possible seulement contre le défendeur, puisque l'exploit d'ajournement du demandeur contient toujours une constitution d'avoué ;
- dont le profit consiste en ce que les conclusions du demandeur lui sont adjugées pourvu qu'elles soient justifiées ;
- dont les frais sont supportés par le défaillant, quelle que soit l'issue définitive du procès.

contre avoué ou faute de conclure
- donné contre l'avoué qui ne pose pas à l'audience ses conclusions ;
- possible contre le demandeur aussi bien que contre le défendeur ;
- dont les frais sont supportés par l'avoué défaillant ;
- **dont le profit consiste,**
  - si le demandeur fait défaut, dans le renvoi du défendeur (c'est ce qu'on appelle le défaut-congé) ;
  - si le défendeur fait défaut, en ce que les conclusions du demandeur lui sont adjugées (si elles sont justifiées).

défaut profit-joint
- possible seulement lorsqu'il y a plusieurs défendeurs ;
- consistant dans le défaut d'un des défendeurs alors que les autres comparaissent et concluent ;
- entraînant, après une première réassignation aux frais du défaillant, un jugement unique, réputé contradictoire, même à l'égard du défaillant qui n'est pas recevable à y faire opposition.

Les jugements par défaut
- doivent être signifiés à la partie et à l'avoué, s'il y en a, 8 *jours* au moins avant exécution ;
- **doivent être exécutés**
  - dans les 30 ans, s'il s'agit d'un défaut contre avoué ;
  - dans les 6 mois, sous peine de péremption, s'il s'agit d'un défaut contre partie.
- **sont susceptibles**
  - d'appel dans les mêmes conditions que les jugements contradictoires ;
  - d'opposition, formalité qui tend à remettre l'affaire en question devant les mêmes juges.

L'opposition
- **est recevable**
  - dans la huitaine de la signification, s'il s'agit d'un défaut contre avoué ;
  - jusqu'à l'exécution du jugement (1) (saisie, paiement des frais, etc.) s'il s'agit d'un défaut contre partie.
- **est formée**
  - dans le défaut contre avoué, par requête d'avoué à avoué ;
  - **dans le défaut contre partie**
    - par acte extra-judiciaire ;
    - par une déclaration sur les commandements, procès-verbaux de saisie, etc. (2).
- a pour effet d'arrêter l'exécution du jugement, à moins qu'il ne soit exécutoire par provision ;
- est déclarée non recevable en cas d'inobservation des délais et formes ci-dessus.

Lorsque l'opposant fait défaut sur son opposition, il en est débouté et ne peut en former une nouvelle. (Opposition sur opposition ne vaut). Le premier jugement devient alors définitif.

---

(1) D'après la règle ci-dessus, cette incertitude ne peut se prolonger au delà de six mois.
(2) Toutefois l'opposant doit, dans les 8 jours, constituer avoué et réitérer son opposition par requête.

Exceptions (Art. 166-193).

Les exception sont les moyens qui, sans porter sur le fonds même du procès, tendent à paralyser, au moins momentanément, l'action du demandeur.

Diverses sortes d'exception :

Caution *judicatum solvi*
- exigible des étrangers demandeurs ou intervenants, si le défendeur le requiert ;
- destinée à garantir le paiement des frais et dommages-intérêts résultant du procès ;
- dont l'engagement est limité à une somme fixée par le tribunal ;
- **dont sont dispensés les étrangers** :
  - qui consignent une somme déterminée ;
  - qui justifient de la propriété d'immeubles suffisants en France ;
  - en matière de commerce ;
  - autorisés à établir leur domicile en France ;
  - appartenant à une nation qui, par traité, dispense les Français de fournir la caution (Suisse, etc.).

Renvoi pour
- **incompétence**
  - *ratione materiæ* — elle tient à l'ordre des juridictions, peut être opposée en tout état de cause et doit être invoquée d'office par les juges ;
  - *ratione personæ* — elle a trait à l'action des tribunaux de même ordre, ne peut être opposée qu'au début de l'instance et ne s'impose pas aux juges ;
- **litispendance** — cas où le même procès est déjà pendant devant un autre tribunal (1) ;
- **connexité** — cas où deux procès ont un rapport assez étroit pour que l'issue de l'un ait une influence sur l'issue de l'autre.

Nullité
- résultant de l'inobservation d'une forme prescrite à peine de nullité ;
- ne se présume pas et doit avoir été textuellement édictée par la loi ;
- doit être opposée avant tout usage de la pièce arguée de nullité.

Exceptions dilatoires
- **de l'héritier et de la femme commune en biens**
  - est opposable aux créanciers de la succession ou de la communauté ;
  - dure 3 mois et 40 jours, à moins que l'héritier ou la femme n'ait pris parti avant ce délai ;
- **de garantie (2)**
  - donnant droit à un délai de 8 *jours* plus 1 jour par 5 myriamètres pour appeler garant : ce dernier a un égal délai pour appeler le sous-garant et ainsi de suite ;
  - **qui est de deux sortes**
    - **formelle ou réelle**
      - le garant peut y prendre fait et cause pour le garanti,
      - le garanti peut ou réclamer sa mise hors de cause ou rester au procès pour la conservation de ses droits ;
    - **simple ou personnelle** — le garanti reste au procès comme le garant et fait consacrer par le même jugement son droit de recours contre ce dernier.

Communication de pièces
- sorte d'exception dilatoire tendant à vérifier sur l'original une ou plusieurs pièces produites par l'adversaire ;
- formée par simple acte dans les 3 *jours* de la signification ou de l'emploi des pièces ;
- **effectuée**
  - soit à l'amiable, d'avoué à avoué ;
  - soit par la voie du greffe, sous la surveillance et la responsabilité du greffier.

Nota. — On s'accorde généralement à décider que les exceptions doivent être opposées dans l'ordre fixé par le Code et reproduit ci-dessus, en laissant de côté l'incompétence absolue et la communication de pièces, invocables, la première, en tout état de cause, la deuxième, lors de la production de la pièce.

---

(1) Cette exception suppose que les deux tribunaux sont également compétents, par exemple s'il y a plusieurs défendeurs et si chacun d'eux a été assigné au tribunal de son domicile.
(2) L'exception de garantie est ce que l'on nomme la garantie incidente : La garantie principale ne peut donner lieu à l'exception, si ce n'est à l'égard des sous-garants.

Vérification d'écritures (Art. 193-213).

La vérification d'écritures est destinée à prouver la véracité d'un acte sous seing privé ;

est :
- tantôt principale, lorsque l'on craint la disparition des moyens de preuve (1) ;
- tantôt incidente, lorsqu'elle est nécessitée, au cours d'un procès, par la production d'une pièce.

Procédure

1re phase
- assignation à 3 *jours* francs, en reconnaissance d'écritures ;
- hypothèses :
  - le défendeur reconnaît l'écriture — la pièce est tenue pour authentique et le demandeur supporte les frais de l'incident (2) ;
  - le défendeur ne comparaît pas — son silence est considéré comme un aveu et il est donné défaut contre lui (2) ;
  - le défendeur conteste la pièce — il y a lieu à vérification d'écritures.

1er jugement
- autorisant la vérification d'écritures ;
- nommant 3 experts d'office pour le cas où les parties ne s'entendraient pas à ce sujet ;
- commettant un juge devant qui se fera la vérification ;
- ordonnant l'apport, le dépôt et la description de la pièce au greffe.

2e phase
- dans les 3 *jours* du dépôt de la pièce, elle est paraphée par le défendeur et son avoué ;
- ordonnance du Juge-Commissaire invitant les parties à comparaître devant lui ;
- signification de cette ordonnance par la partie la plus diligente ;
- comparution des parties et accord sur les pièces de comparaison (3) ;

en cas de désaccord, le juge désigne :
- les signatures apposées aux actes authentiques par-devant notaire,
- les signatures apposées aux actes judiciaires en présence du juge ou du greffier,
- les pièces écrites et signées en qualité d'officiers ministériels ou de personnes publiques,
- les pièces ou parties de pièces reconnues, mais non celles qui ont été vérifiées en justice ;

- à défaut de pièces de comparaison, le Juge fait faire un corps d'écriture sous la dictée des experts et en présence de l'adversaire.

NOTA : — Cette phase et le choix des pièces de comparaison donnent souvent lieu à un jugement destiné à mettre fin au désaccord des parties.

3e phase
- Ordonnance du juge et sommation aux experts, dépositaires de pièces et parties de se présenter ;
- prestation de serment des experts (4) ;
- vérification de l'écriture en présence du Juge et du Greffier et en l'absence des parties ;
- rapport commun et motivé des experts concluant à un seul avis ;
- audition, s'il y a lieu, des témoins ayant vu faire l'écriture ;
- procès-verbal du Juge-Commissaire.

2e jugement
- statuant sur l'admission ou le rejet de la pièce ;
- infligeant une amende de 150 francs à la partie qui a dénié faussement sa propre signature.

Effets
- la pièce vérifiée en justice est admise au procès comme authentique ;
- elle demeure un acte sous seing privé vis-à-vis des tiers ;
- elle ne peut être prise comme terme de comparaison pour une autre vérification d'écritures.

Faux incident civil (ART. 214-251).

Le faux est poursuivi
- par la voie criminelle — il est le plus souvent principal et tient le procès civil en état ;
- par la voie civile
  - soit par action principale — elle est rare dans la pratique ;
  - soit incidemment — c'est le faux incident civil.

Aucune transaction sur le faux ne peut avoir lieu sans être communiquée au Ministère public et homologuée par le tribunal.

Procédure (destinée à prouver la véracité d'un acte authentique ou d'un acte sous seing privé vérifié ou non en justice.)

1re phase
- sommation de déclarer dans les 8 *jours* si on doit ou non se servir de la pièce et menace d'inscription de faux ;
- **hypothèses :**
  - le défendeur renonce à faire usage de la pièce — elle est rejetée avec dommages-intérêts s'il y a lieu ;
  - le défendeur ne fait aucune déclaration — même solution ;
  - le défendeur déclare maintenir la pièce — il y a procédure de faux ;
- le demandeur, en personne ou par mandataire authentique, s'inscrit en faux.

1er jugement
- admettant l'inscription de faux, si elle est jugée opportune ;
- nommant un juge-commissaire.

2e phase (1)
- dans les 3 *jours* de la signification du jugement, dépôt de la pièce arguée de faux ;
- dans les 3 *jours* du dépôt, signification du dépôt ;
- dans les 3 *jours* de la signification du dépôt, procès-verbal descriptif et visa de la pièce ;
- dans les 8 *jours* du procès-verbal, signification des moyens de faux ;
- dans les 8 *jours* suivants, réponse écrite du défendeur ;
- dans les 3 *jours* suivants, poursuite de l'audience.

2e jugement
- nommant d'office 3 experts ;
- énonçant les moyens de faux déclarés admissibles.

3e phase
- choix des pièces de comparaison, preuve par témoins, expertise et rapport, } dans les formes de la vérification d'écritures (voir p. 15).

3e jugement
- rejetant l'inscription de faux et condamnant le demandeur à 300 francs d'amende ;
- **ou ordonnant**
  - la suppression } anéantissement matériel de la pièce ;
  - la lacération }
  - la radiation partielle, si la pièce n'est fausse qu'en partie ;
  - la radiation totale, si elle est fausse et comprise dans un registre ;
  - la réformation, si l'acte faux ne peut être matériellement supprimé ;
  - le rétablissement du texte vrai sur la pièce falsifiée.
- l'exécution de ces mesures est suspendue jusqu'à l'expiration des délais d'appel, de requête civile et de cassation.

NOTA. — Dans les procès en vérification d'écritures ou en faux incident civil, il est fait fréquemment usage d'actes authentiques. Le dépositaire a le choix d'en faire une copie collationnée et certifiée par le Président et qui tient lieu de l'original, ou d'apporter lui-même la pièce ; dans ces deux cas, il conserve le droit d'en délivrer expédition. Hors ces deux cas, le greffier, dépositaire momentané de l'acte, en délivre copie s'il y a lieu.

---

(1) L'inobservation de ces délais autorise l'adversaire à passer outre sur un simple acte et à faire consacrer sa prétention par le tribunal.

Enquêtes (1) (Art. 252-301).

L'enquête est la procédure à suivre pour l'administration de la preuve testimoniale.

Procédure

les faits sont articulés, c'est-à-dire énumérés et cotés par simple acte de conclusion ;

dans les 3 *jours*, les faits articulés sont déniés ou reconnus — le silence est tenu pour un aveu ;

jugement ordonnant la preuve des faits
- s'ils sont admissibles, c'est-à-dire pertinents,
- s'ils sont déniés ou si la loi en interdit l'aveu,
- si la preuve testimoniale en est permise ;

ordonnance du juge-commissaire assignant les témoins à date et heure fixes (2) ;

assignation des témoins à 1 *jour* franc, plus 1 jour par 5 myriamètres ;

comparution, serment, déposition isolée et orale de chaque témoin en présence des parties ;

questions complémentaires adressées par le juge, soit d'office, soit sur la demande des parties ;

procès-verbal de chaque déposition, lecture au témoin et signature de ce dernier si cela est possible ;

paiement de la taxe ou indemnité aux témoins qui le requièrent ;

procès-verbal général de l'enquête et signature du greffier, du juge-commissaire et, s'il est possible, des parties.

NOTA. — L'audition des témoins doit être achevée dans la huitaine qui suit le commencement effectif de l'enquête, c'est-à-dire l'audition du premier témoin entendu, à peine de nullité de l'enquête tout entière. (Cass., 11 décembre 1850.)

l'enquête annulée en tout ou partie
- par la faute du juge-commissaire, est recommencée à ses frais ;
- par la faute d'un officier ministériel (avoué ou huissier), n'est pas recommencée.

Les témoins

peuvent être appelés à déposer au nombre de 5 sur un même fait : l'appel d'un plus grand nombre n'entre pas en taxe.

en cas de non-comparution ou de refus de déposition
- sont passibles de 10 fr. au moins de dommages-intérêts ;
- peuvent, en outre, être punis d'une amende de 100 francs ;
- sont réassignés à leurs frais ;

s'ils ne comparaissent pas après la réassignation, ils sont condamnés à 100 fr. d'amende et peuvent être l'objet d'un mandat d'amener ;

peuvent obtenir, s'il y a lieu, des délais pour se présenter ;

sont incapables
- par suite de condamnation
  - à une peine criminelle quelconque ;
  - à l'emprisonnement avec interdiction des droits mentionnés en l'art. 42 du Code pénal.
- par suite de leur qualité de conjoint, de parents ou d'alliés en ligne directe de l'une des parties (3).

sont reprochables
- s'ils sont parents ou alliés en ligne collatérale d'une des parties ou de son conjoint ;
- s'ils sont héritiers présomptifs ou donataires d'une des parties ;
- s'ils ont bu ou mangé avec une des parties ou à ses frais depuis le jugement ;
- s'ils ont donné des certificats sur les faits de la cause ;
- s'ils sont serviteurs et domestiques à gages d'une des parties ;
- s'il est intervenu contre eux un arrêt de mise en accusation ;
- s'ils ont été condamnés à une peine quelconque pour vol.

âgés de moins de 15 ans, peuvent être entendus, sauf à avoir tel égard que de raison à leur dire.

---

(1) Il s'agit ici de l'enquête ordinaire ; les règles de l'enquête sommaire sont indiquées page 24 avec celles de la procédure sommaire. — L'enquête est, en général, incidente ; toutefois, elle peut quelquefois être principale lorsqu'elle est demandée avant l'échéance de la dette, en prévision de la disparition des témoins : on la nomme, dans ce cas, *enquête à futur*.

(2) Cette ordonnance qui marque le commencement de l'enquête doit être rendue dans la huitaine du jour de la signification du jugement à avoué ou de l'expiration des délais d'opposition, s'il est possible. Toutefois, si l'enquête doit avoir lieu à une distance de plus de 3 myriamètres, le tribunal fixe un délai spécial.

(3) Toutefois, les ascendants peuvent déposer dans une affaire de séparation de corps. (Art. 251 du Code civil.)

Descentes sur les lieux (Art. 295-301).

La descente sur les lieux
- consiste dans la délégation d'un juge chargé d'examiner personnellement les localités.
- est ordonnée
  - d'office, à moins qu'un rapport d'experts ne soit déclaré suffisant aux termes de la loi ;
  - sur la réquisition de l'une des parties.
- est prescrite par un jugement qui commet l'un des juges.
- est exécutée comme suit :
  - la partie requérante consigne au greffe les frais du transport du juge et de son greffier ;
  - le juge rend une ordonnance pour fixer le jour et l'heure ;
  - l'ordonnance est signifiée d'avoué à avoué ;
  - la présence du ministère public n'est obligatoire que s'il est partie ;
  - le juge dresse sur les lieux un procès-verbal qui est signifié à avoué par la partie la plus diligente ;
  - trois jours après cette signification, on poursuit l'audience.

Rapports d'experts (Art. 302-323).

L'expertise
- est ordonnée par un jugement qui
  - énonce l'objet de l'expertise ;
  - nomme un juge-commissaire ;
  - nomme les experts pour le cas où les parties ne s'entendraient pas dans les 3 jours de la signification.
- est effectuée
  - par un seul expert si les parties y consentent ou si l'expertise est ordonnée d'office.
  - par trois experts dans tous les autres cas (1).
- s'opère comme suit :
  - les experts prêtent serment ;
  - le juge dresse procès-verbal et y mentionne, avec la prestation de serment, le jour et l'heure de l'expertise ;
  - sommation aux parties si elles n'assistaient pas à la prestation de serment ;
  - le jugement et les pièces sont remises aux experts ;
  - les parties font aux experts leurs observations et réquisitions ;
  - le rapport
    - est écrit par l'un des experts et signé par tous,
    - n'exprime qu'un avis à la pluralité des voix,
    - est déposé au greffe, levé et signifié par la partie la plus diligente.
- ne lie pas les juges qui peuvent ne pas adopter les conclusions des experts ou ordonner d'office une seconde expertise.

Récusation des experts
- elle ne peut être proposée contre les experts agréés des parties que pour cause postérieure à leur nomination ;
- elle doit être faite dans les 3 jours de la nomination ;
- elle a lieu dans les mêmes conditions que le reproche des témoins (2) ;
- elle est jugée sommairement à l'audience.

Toute personne jouissant de ses droits civils peut être expert : nul n'est tenu d'accepter ces fonctions ; le refus donne lieu au *déport d'expert* et à la nomination d'un remplaçant. L'expert qui a prêté serment est lié envers les parties et passible de dommages-intérêts s'il ne remplit pas jusqu'au bout sa mission.

(1) Comparez avec la vérification d'écritures et le faux incident civil (pages 15 et 16).
(2) Voir ci-dessus, (page 17).

Interrogatoire sur faits et articles (1) (Art. 324-336).

L'interrogatoire sur faits et articles

- tend à obtenir un aveu de la partie interrogée ;
- peut être demandé en tout état de cause par les parties ;
- est ordonné par le tribunal sur requête contenant les faits (2) ;
- peut être fait par voie de commission rogatoire en cas d'éloignement de la partie ;

a lieu comme suit :
- 24 heures avant l'interrogatoire on signifie les questions à la partie ;
- la partie, interrogée hors la présence de son adversaire, répond verbalement aux questions signifiées et à celles que le juge veut lui poser d'office ;
- le procès-verbal est lu à la partie et signé d'elle, du juge et du greffier ;
- il est signifié par le requérant à la partie interrogée ;
- en cas d'empêchement, le juge accorde un délai ou se transporte près de la partie ;
- en cas de non-comparution, les faits peuvent être tenus pour avérés;

- lorsque l'administration d'un établissement public est en cause, a lieu par l'intermédiaire d'un mandataire muni d'un pouvoir spécial et qui peut, en outre, être interrogé sur ses faits et gestes personnels.

Incidents (Art. 337-341).

Demande incidente
- dite additionnelle, lorsqu'elle est faite par le demandeur et qu'elle est le développement de la cause principale ;
- dite reconventionnelle, lorsqu'elle est formée par le défendeur et qu'elle est connexe à la cause principale ;
- elle est formée par acte d'avoué à avoué et non par ajournement ;
- elle est jugée par jugement avant-dire-droit, ou jointe au fonds suivant les cas.

Demande en intervention
- action d'un tiers se prétendant intéressé dans un procès pendant entre deux parties ;
- elle peut être faite, en tout état de cause, en première instance ;
- en appel, elle ne peut être faite que par ceux qui ont droit de former tierce-opposition (voir page 27) ;
- elle ne peut retarder le jugement si l'affaire est en état ;
- elle est formée par requête contenant constitution d'avoué, moyens, conclusions et copie des pièces justificatives.

On nomme *intervention forcée* la demande formée contre un tiers, afin de le rendre partie au procès et de faire que le jugement à intervenir lui soit commun.

(1) Comparez avec la comparution personnelle (ci-dessus, page 11).
(2) Elle n'est pas signifiée à la partie adverse qui ne peut s'opposer à l'interrogatoire.

Reprises d'instance et constitution de nouvel avoué (ART. 342-351).

Une instance
- en état (1) ne peut être interrompue par aucun événement;
- non encore en état
  - est interrompue
    - par le décès de l'une des parties;
    - par la cessation de fonctions d'un des avoués (décès, démission, etc.);
    - par le changement d'état du demandeur avant que le défendeur n'ait constitué avoué;
  - n'est pas interrompue par le changement d'état des parties ou la cessation de leurs fonctions, sauf l'exception ci-dessus;
- interrompue
  - du chef des parties, est reprise par une assignation aux délais de l'ajournement;
  - du chef des avoués, est reprise par une constitution de nouvel avoué.

Désaveu (ART. 352-362).

Le désaveu est le démenti judiciaire donné à un avoué ou à un huissier à l'occasion d'un acte fait par lui au delà de son mandat.

Le désaveu est possible
- pour offres effectuées
- pour aveu fait
- pour consentement donné

sans un mandat spécial.

Procédure
- acte au greffe signé du désavouant ou de son mandataire authentique et contenant constitution d'avoué, moyens et conclusions;
- signification à l'avoué attaqué et aux avoués en cause;
- suspension de l'instance en cours pendant un délai que fixe le tribunal;
- communication au ministère public;
- en cas d'admission, annulation des actes désavoués et de ce qui s'en est suivi;
- en cas de rejet, condamnation du demandeur à des dommages-intérêts et à des réparations.

Nota. — Ces règles sont applicables au désaveu, incident qui est le plus fréquent. Si le désaveu est principal, il est signifié par exploit et porté devant le tribunal du défendeur : il a pour effet l'annulation des chefs du jugement relatifs à l'acte incriminé, et la condamnation de l'officier ministériel à des dommages-intérêts, à l'interdiction et, s'il y a lieu, à une répression pénale. Si le désaveu s'attaque à un jugement passé en force de chose jugée, il n'est plus recevable après la huitaine qui suit le jour où ce jugement est réputé exécuté.

---

(1) Une affaire est en état lorsque les plaidoiries sont commencées, c'est-à-dire, lorsque les conclusions ont été échangées à l'audience : l'affaire instruite par écrit est en état lorsque l'instruction est complète ou que les délais de production sont expirés.

Règlement de juges (Art. 363-367).

Le règlement de juges
- a pour but de mettre un terme à un conflit de juridictions (1);
- peut être proposé tant que le jugement n'est pas rendu (2);
- est porté
  - devant le tribunal supérieur qui réunit dans son ressort les deux juridictions donnant naissance au conflit ;
  - devant la cour de cassation dans tous les autres cas.
- consiste dans
  - une requête demandant permission d'assigner ;
  - un jugement qui autorise la demande et qui suspend les procédures commencées ;
  - une signification du jugement dans la *quinzaine,* avec assignation au *délai des ajournements ;*
  - un deuxième jugement déterminant le tribunal compétent.

Renvoi pour parenté ou alliance (Art. 368-377).

Le renvoi
- peut être demandé
  - devant une cour
    - si la partie y est juge et y compte 2 parents ou alliés ;
    - si la partie, sans y être juge, y compte 3 parents ou alliés ;
  - devant un tribunal
    - si la partie y est juge et y compte un parent ou allié ;
    - si la partie, sans y être juge, y compte 2 parents ou alliés ;
  - par l'adversaire de la partie parente des juges ;
  - tant que la cause n'est pas en état ;
- est jugé par le tribunal saisi, sans que les juges parents siégent ;
- est demandé par acte au greffe signé de la partie ou de son mandataire authentique ;
- comprend
  - un 1er jugement ordonnant communication au ministère public et aux juges parents, et nommant un rapporteur ;
  - une signification de la demande et du 1er jugement ;
  - un 2e jugement rejetant la demande où ordonnant le renvoi devant un tribunal désigné ;
  - en cas de rejet, une amende de 50 fr. au moins pour le demandeur.
- en cas d'appel, est jugé dans les délais et les formes prescrites en matière de récusation. (Voir ci-après, page 22.)

Bien qu'en principe plusieurs juges parents ne puissent siéger dans la même juridiction, les cas de renvoi peuvent résulter soit de la concession de dispense à deux juges, soit d'une alliance survenue récemment entre eux, soit enfin d'une parenté ou alliance qui leur est commune avec un plaideur sans qu'aucun lien les rattache l'un à l'autre.

(1) On nomme conflit d'attributions celui qui existe entre un tribunal administratif et un tribunal judiciaire, et conflit de juridictions celui qui existe entre deux tribunaux de même ordre : chacun de ces conflits est dit négatif si les deux tribunaux contestent leur compétence, et positif s'ils prétendent tous deux rester saisis.

(2) S'il y a chose jugée, on a recours à la voie de la requête civile. (Voir page 28.)

Récusation (Art. 378-397).

Cas de récusation des juges (1)

- juge parent ou allié de l'une des parties au degré de cousin issu de germain ;
- femme du juge (2) parente ou alliée de l'une des parties au degré ci-dessus ;
- juge, son conjoint, leurs ascendants et descendants ayant un différend sur pareille question ;
- individus ci-dessus { ayant un procès devant un tribunal où l'une des parties sera juge ; créanciers ou débiteurs d'une des parties ;
- procès criminel dans les 5 ans entre le juge, les parties, leurs conjoints, parents ou alliés en ligne directe ;
- procès civil dans les 6 mois entre les mêmes (3) ;
- juge tuteur, subrogé-tuteur, curateur, héritier présomptif (4), donataire, maître ou commensal de l'une des parties, administrateur d'une société ou d'un établissement en cause ;
- juge ayant donné conseil, plaidé ou écrit sur l'affaire ; ayant connu de l'affaire comme juge ou arbitre ; ayant sollicité, fourni aux frais du procès ; ayant déposé comme témoin ; ayant bu ou mangé chez l'une des parties ou reçu d'elle des présents ;
- inimitié capitale entre le juge et l'une des parties, agressions, injures ou menaces dans les 6 mois précédents.

Le juge doit déclarer la cause de récusation qu'il connaît, mais n'est pas tenu de s'abstenir de lui-même.

Procédure

- la récusation { doit être demandée avant que l'affaire ne soit en état ; est proposée par acte au greffe signé de la partie ou de son mandataire.
- 1er jugement { rejetant la demande si elle est inadmissible ; ordonnant, dans le cas contraire, communication au juge récusé, ainsi qu'au ministère public, et nommant un juge rapporteur.
- déclaration du juge récusé ;
- suspension du procès principal, à moins qu'il n'y ait péril en la demeure ;
- 2e jugement statuant sur la récusation et infligeant au demandeur, s'il est repoussé, une amende d'au moins 100 francs.

L'appel

- est toujours recevable sur la récusation ;
- doit être formé dans les 5 *jours* et est suspensif d'exécution ;
- est transmis dans les 3 *jours* et soumis à la Cour dans les 3 *jours* de la réception.

La décision sur l'appel doit être signifiée dans *le mois* du jugement qui a rejeté la récusation.

---

(1) Cette énumération limitative est applicable en matière criminelle et correctionnelle, ainsi qu'au ministère public lorsqu'il est partie jointe.

(2) Ce cas existe tant que survivent la femme ou les enfants issus du mariage, et il est perpétuel pour le beau-père, le gendre et les beaux-frères.

(3) S'il a été intenté par la partie, il doit être antérieur à l'instance.

(4) Ce cas est réciproquement applicable à la partie qui est l'héritière présomptive du juge.

Péremption (Art. 397-401).

La péremption
- consiste dans l'extinction des actes de procédure après un certain laps de temps ;
- ne peut être invoquée que par le défendeur (le demandeur a le désistement);
- est couverte par tout acte valable fait par l'une des parties ;
- est invocable même devant les tribunaux de commerce ;
- a pour effets l'extinction de la procédure et l'anéantissement des effets qu'elle a produits ;
- court contre toutes personnes, même mineures ou incapables ;
- entraîne la condamnation du demandeur aux frais de l'instance périmée ;
- laisse intact le droit du demandeur, à moins qu'il n'ait été, dans l'intervalle, éteint par prescription ou à tout autre titre.

Nota. — En appel, la péremption donne l'autorité de la chose jugée à la sentence attaquée et éteint, par suite, l'action elle-même.

Toute instance est périmée aux conditions suivantes :
- lorsque 3 ans se sont écoulés depuis le dernier acte de procédure (on ajoute 6 mois à ce délai lorsqu'il y aurait lieu à reprise d'instance ou constitution de nouvel avoué (voir ci-dessus page 20);
- elle est formée par requête d'avoué à avoué, sauf le cas où l'avoué est décédé, interdit, etc.

Désistement (Art. 402-403).

Le désistement
- est fait et accepté par simple acte signé des parties ou de leur mandataire et signifié d'avoué à avoué ;
- constitue une offre qui devient définitive dès qu'elle a été acceptée ;
- peut être refusé par le défendeur s'il lui est plus avantageux de poursuivre le jugement ;
- entraîne soumission de payer les frais sur simple ordonnance ;
- a pour effets de remettre les choses en l'état où elles étaient avant le début de l'instance.

Il ne faut pas confondre le désistement de la procédure, qui a pour effet l'extinction de la procédure, mais laisse subsister l'action, avec le désistement de l'action ou renonciation faite au fond du droit : l'intention des parties sert de règle en cette matière.

Matières sommaires (Art. 404-413).

On divise les procès en
- matières ordinaires — régies par les règles énoncées pages 8 et 9 ; (cette dénomination embrasse tous les procès qui ne sont pas déclarés sommaires) ;
- matières sommaires — instruites et jugées avec des formes abrégées et moins coûteuses.

sont matières sommaires
- les appels des juges de paix ;
- les demandes pures personnelles s'il y a titre non contesté ;
- les demandes formées sans titre et n'excédant pas (Loi du 11 avril 1838).
  - 1.500 fr. de principal en matière personnelle et mobilière ;
  - 60 fr. de revenu en matière réelle immobilière ;
- les demandes provisoires ou requérant célérité ;
- les demandes en paiement de loyers, fermages et arrérages de rentes.

Procédure sommaire
- Dispense du préliminaire de conciliation ;
- ajournement dans les conditions ordinaires ;
- constitution d'avoué dans la *huitaine* ;
- suppression des défenses, réponses et de toute la procédure écrite ;
- plaidoiries (sans avenir) et jugement ;
- s'il y a lieu,
  - demandes incidentes et intervention formées par requêtes d'avoué minutées ;
  - enquête sommaire
    - pas d'écritures ;
    - audition des témoins à l'audience ;
    - procès-verbal de la déposition des témoins, seulement si le jugement à intervenir est susceptible d'appel ;
    - le délai de commencement et d'achèvement de l'enquête est laissé à la volonté des juges ;
    - les autres règles des enquêtes sont applicables.

Procédure devant les tribunaux de commerce (Art. 414-442).

Procédure normale

Elle a lieu sans le ministère d'avoués;

exploit d'ajournement :
- aux délais ordinaires ;
- de jour à jour et d'heure à heure avec permission du Président ;
- aux mêmes conditions en matière maritime sans ordonnance (l'exploit peut être remis à toute personne à bord);

tribunal compétent :
- celui du domicile du défendeur ;
- celui dans le ressort duquel la promesse a été faite et la marchandise livrée ;
- celui dans l'arrondissement duquel le paiement devait être effectué ;

comparution personnelle des parties ou de leur mandataire spécial ;

à défaut de comparution, application du défaut-congé et du défaut proprement dit.

Incidents

les exceptions sont les mêmes qu'en matière civile, sauf :
- la caution *judicatum solvi* qui ne peut être exigée des étrangers en matière commerciale ;
- la possibilité pour les juges de joindre au fonds la décision sur la compétence ;

le tribunal de commerce doit renvoyer devant les juges civils :
- les vérifications d'écriture,
- le faux incident civil,
- les questions d'état ;

les enquêtes sont effectuées en la forme sommaire ;

le tribunal peut ne nommer qu'un seul expert ;

le tribunal peut nommer 1 ou 3 arbitres jouant simultanément le rôle de conciliateurs et d'arbitres.

Les jugements

par défaut :
- doivent être signifiés par un huissier commis ;
- sont exécutoires 1 jour après la signification et jusqu'à l'opposition ;
- sont susceptibles d'opposition pendant 8 jours (1);

sont exécutoires par provision nonobstant appel :
- sans caution, s'il y a titre non attaqué ou condamnation antérieure ;
- avec caution ou en justifiant de solvabilité, dans tous les autres cas.

Les tribunaux de commerce ne connaissent pas de l'exécution de leurs jugements, c'est-à-dire, des difficultés qui pourraient survenir à l'occasion de cette exécution.

---

(1) Aux termes de l'article 643 du Code de commerce, les jugements par défaut faute de comparaître sont susceptibles d'opposition jusqu'à l'exécution.

Appel (Art. 443-473).

L'appel

principal est le premier appel interjeté dans un procès ; son auteur est dit : *appelant* ;

est formé dans le délai de 2 mois à compter
- par assignation ;
- de la signification à personne ou domicile, s'il s'agit d'un jugement contradictoire ;
- du jour où l'opposition n'est plus recevable, s'il s'agit d'un jugement par défaut ;

peut être formé
- immédiatement, si le jugement attaqué est exécutoire par provision ;
- seulement 8 jours après le jugement, s'il n'y a pas exécution provisoire et qu'il s'agisse d'un jugement définitif ou interlocutoire ;
- seulement lorsque l'opposition n'est plus recevable, s'il s'agit d'un jugement par défaut ; ;
- après le jugement définitif, si le jugement à attaquer est simplement préparatoire.

incident est l'appel reconventionnel de la partie adverse qui prend le nom de *l'intimé* ;

est formé
- par requête ;
- en tout état de cause, sans aucun délai et tant que dure l'instance.

L'appel est
- dévolutif, en ce sens qu'il défère à la Cour d'appel la connaissance du fond de l'affaire ;
- suspensif, en ce sens qu'il arrête l'exécution du jugement attaqué.

Sont susceptibles d'appel

les jugements des tribunaux d'arrondissement
- portant sur les demandes mobilières excédant 1.500 fr. au principal ;
- portant sur des demandes immobilières excédant 60 fr. de revenu (2) ;
- portant sur l'état des personnes, les actes de l'état civil, la compétence, les renvois, la récusation ;

les jugements des tribunaux de commerce, lorsque la demande excède 1.500 fr. au principal.

Procédure
- en matière sommaire, signification de l'appel et audience sans écritures;

en matière ordinaire
- signification de l'appel et des moyens ;
- constitution d'avoué dans la *huitaine* par l'intimé ;
- signification des griefs dans la *huitaine* ;
- réponse de l'intimé dans la *huitaine* ;

- arrêt rendu dans les conditions ordinaires des jugements ;
- amende de 10 francs contre l'appelant qui succombe.

On nomme *droit d'évocation* le droit qu'a une cour saisie de l'appel d'un interlocutoire de se saisir du fond de l'affaire lorsqu'elle infirme la sentence attaquée.

---

(1) Il n'est pas ici question de l'appel des décisions des juges de paix, lequel est interjeté dans les 30 jours et porté devant le tribunal d'arrondissement.

(2) Le montant de la demande est déterminé au besoin par expertise, lorsqu'il s'agit de demandes mobilières ; dans le cas contraire, il est estimé par le taux du loyer ou des arrérages ; à défaut de ces deux éléments, l'appel est toujours recevable.

Tierce-opposition (Art. 474-479).

La tierce-oppo-sition
- est une voie extraordinaire de recours ouverte aux tiers contre tout jugement qui préjudicie, même indirectement, à leurs droits ;
- est ouverte
  - à ceux qui n'ont figuré au procès ni en personne, ni par leurs auteurs ou ayants-cause ;
  - aux créanciers, s'il a été fait fraude à leurs droits (Action paulienne);
- peut être faite
  - pendant 1 an seulement par les créanciers du mari au cas de séparation de biens ;
  - pendant 30 ans dans tous les autres cas ;
- principale, est portée devant le tribunal dont le jugement est attaqué ;
- incidente, est portée devant le tribunal saisi de l'affaire, s'il est égal ou supérieur à celui dont le jugement est attaqué ; sinon, à ce dernier ;
- formée contre un jugement
  - devenu définitif
    - ne peut entraver l'exécution, s'il ordonne le délaissement d'un héritage (d'un immeuble) ;
    - peut motiver la suspension de l'exécution dans tous les autres cas, si les juges l'ordonnent ;
  - attaqué d'autre part , laisse les juges saisis maîtres de passer outre ou de surseoir.
- entraîne contre le demandeur qui succombe une amende de 50 francs au moins et des dommages-intérêts, s'il y a lieu.

Nota. — La tierce-opposition est tantôt une voie de réformation, tantôt une voie de rétractation, suivant qu'elle est ou non portée devant le tribunal qui a rendu le jugement.

Requête civile (Art. 480-504).

La requête civile

est une voie extraordinaire de recours ouverte dans certains cas aux parties contre des jugements devenus inattaquables par la voie de l'opposition ou par celle de l'appel ;

est ouverte dans les cas suivants :
- dol personnel de la partie adverse ;
- violation des formes prescrites à peine de nullité, si cette nullité n'a pas été couverte par le silence des parties (1) ;
- prononciation sur choses non demandées ;
- sentence ayant adjugé plus qu'il n'a été demandé ;
- omission de prononcer sur un des chefs de la demande ;
- contrariété de jugements en dernier ressort rendus par le même tribunal ;
- dispositions contradictoires dans le même jugement ;
- absence de communication au ministère public lorsqu'elle est ordonnée ;
- jugement rendu sur pièces reconnues ou déclarées fausses depuis la sentence ;
- recouvrement de pièces décisives et retenues par la partie adverse ;
- mineurs, état, communes ou établissements publics non défendus ;

doit être demandée dans le délai de *deux mois* (2)
- pour les majeurs, à compter de la signification à personne au domicile ;
- pour les mineurs, à compter de la même signification faite depuis leur majorité ;
- s'il s'agit de dol ou de pièces fausses, à compter de la découverte du dol ou du faux ;

est formée
- par assignation
  - devant le tribunal qui a rendu le jugement ;
  - au domicile de l'avoué dans les 6 mois du jugement ;
  - au domicile de la partie après ce délai ;
- moyennant deux conditions
  - consignation
    - de 300 fr. d'amende et de 150 fr. de dommages-intérêts, s'il s'agit d'un arrêt contradictoire ;
    - de la moitié des sommes ci-dessus, s'il s'agit d'une sentence par défaut ou forclusion ;
    - du quart, s'il s'agit d'un jugement de tribunal d'arrondissement ou de commerce ;
  - consultation de 3 avocats exerçant depuis 10 ans au moins dans le ressort, et précisant les cas de requête civile ;

n'a aucun effet suspensif d'exécution ;

est toujours communiqué au ministère public ;

comprend deux parties :
- le rescindant, phase dans laquelle les juges annulent le jugement attaqué (3) ;
- le rescisoire, phase dans laquelle les juges statuent à nouveau sur le fond du droit (procédure ordinaire dans tous les cas) ;

entraîne condamnation de la partie qui succombe à l'amende et aux dommages-intérêts ;

exclut l'emploi de la même voie de recours contre le jugement déjà attaqué par cette voie, contre celui qui a rejeté la requête civile, et contre le rescisoire.

---

(1) Si l'exception proposée devant les premiers juges a été écartée par eux, il y a ouverture à cassation.

(2) Ce délai est augmenté de 8 mois en faveur du demandeur absent de France ou d'Algérie pour cause de service public ou de navigation : pour toute personne résidant hors de France, le délai est augmenté comme celui des ajournements.

(3) Lorsque la requête civile est basée sur la contrariété des jugements, elle ne comprend que le rescindant, les juges devant se borner, dans ce cas, à annuler la seconde sentence intervenue, ce qui valide la première.

Pourvoi en cassation (*Lois des 1er décembre 1790 et 27 ventôse an VIII*).

Le pourvoi en cassation

est une voie extraordinaire de recours ouverte, dans certains cas, aux parties contre les jugements et arrêts en dernier ressort;

est ouvert pour :
- incompétence (1) ou excès de pouvoir (2) ;
- violation de la loi dans le dispositif du jugement ;
- violation des formes prescrites à peine de nullité, à la condition que l'exception de nullité, proposée devant les juges du fait, ait été repoussée par eux (3) ;
- contrariété de jugements rendus en dernier ressort par des tribunaux différents (3) ;

est formé :
- dans le délai de *deux mois* (L. 2 Juin 1862) :
  - à partir de la signification, pour les jugements contradictoires ;
  - à partir de l'expiration des délais d'opposition, pour les jugements par défaut ;
- par les parties, leurs héritiers ou ayants-cause ;
- par le Procureur général :
  - de son chef, dans l'intérêt de la loi et non des parties, seulement pour violation de la loi ou des formes — ce pourvoi ne peut être formé qu'après l'expiration du délai accordé aux parties ;
  - d'ordre du Garde des sceaux, contre tout jugement, même en premier ressort, sans condition de délai et avec profit pour les parties.

Procédure

- dépôt d'un mémoire abrégé, signé d'un avocat à la Cour de cassation et contenant les moyens ;
- consignation d'une amende de :
  - 150 fr. pour les jugements contradictoires ;
  - 75 fr. pour les jugements par défaut ;
- s'il y a lieu, dépôt d'un mémoire ampliatif ;
- nomination d'un rapporteur par le Président et communication au ministère public ;
- arrêt de la chambre des requêtes :
  - si le pourvoi est non-recevable, arrêt de rejet non motivé ;
  - si le pourvoi est admissible, arrêt d'admission motivé ;
- signification de l'arrêt dans les 2 *mois* au défendeur qui a 1 *mois* pour constituer avocat et 3 *jours* pour signifier son mémoire ;
- réponse, s'il y a lieu, audience, conclusions du ministère public ;
- arrêt de la chambre civile rejetant le pourvoi ou cassant la sentence attaquée.

Effets de la cassation

- renvoi devant un tribunal de même ordre que celui dont le jugement est annulé (4) ;
- en cas de 2e pourvoi sur la même affaire, le Cour statue toutes chambres réunies et sa 2e décision est obligatoire sur le point de droit pour la juridiction de renvoi. (Loi du 1er avril 1837.)

---

(1) L'incompétence *ratione materiæ* peut être opposée pour la première fois en cassation ; l'incompétence *ratione personæ* doit avoir été invoquée en temps utile devant les premiers juges et avoir été rejetée par eux.

(2) Cette cause donne seule ouverture à cassation contre les décisions des juges de paix.

(3) Comparez Requête civile, page 28.

(4) Si le pourvoi est basé sur la contrariété de jugements, la cassation a lieu sans renvoi et le premier jugement est maintenu.

L'effet du pourvoi en cassation n'est pas suspensif, si ce n'est dans le cas de faux incident civil (art. 241).

Prise à partie (Art. 505-516).

La prise à partie
- **est une voie** extraordinaire de recours ouverte aux parties dans certains cas, contre un juge ou contre un tribunal et non contre un jugement ;
- **est ouverte**
  - pour dol, fraude, concussion commis par le juge ;
  - dans certains cas où ce recours est prévu par la loi (Code d'Instruction criminelle, art. 77, 112, etc.) ;
  - lorsque la loi déclare le juge passible de dommages-intérêts ;
  - **s'il y a eu déni de justice (1)**
    - refus de répondre à une requête ;
    - négligence à juger une affaire en état ;
    - refus de juger pour silence ou obscurité de la loi (Art. 4 du Code civil);
- **est portée** devant la cour d'appel, excepté pour les cours d'assises, les cours d'appel ou leurs sections entières, et pour les membres de la cour de Cassation.

Procédure
- requête en permission d'assigner, signée de la partie, avec pièces et moyens ;
- **arrêt**
  - rejetant la requête avec 300 fr. d'amende et des dommages-intérêts, s'il y a lieu ;
  - ou admettant la prise à partie si elle est légale ;
- signification au juge ou au tribunal attaqué ;
- défenses dans la *huitaine* — réponse du demandeur ;
- plaidoiries et arrêt, chambres réunies.

Effets
- en cas de rejet, amende comme ci-dessus ;
- **en cas d'admission**
  - annulation de l'acte attaqué s'il est isolé ;
  - **s'il s'agit d'un jugement**
    - réformation du jugement, s'il y a complicité de la partie ;
    - dans le cas contraire, responsabilité civile du juge ou réformation (2).

VOIES DE RECOURS.

(TABLEAU RÉCAPITULATIF.)

Voies de rétractation
- opposition aux jugements par défaut,
- requête civile,
- tierce-opposition devant la même juridiction.

Voies de réformation
- appel,
- tierce-opposition devant un tribunal supérieur,
- prise à partie.

Pourvoi en cassation.

L'opposition et l'appel sont des voies ordinaires de recours ; les autres sont appelées voies extraordinaires.

---

(1) Le juge qui se déclare incompétent ne peut être poursuivi pour déni de justice, car il a statué. En tout cas, le déni de justice n'existe qu'après deux réquisitions restées sans effet.
(2) Question controversée en théorie, mais sans application pratique.

TABLE DES MATIÈRES

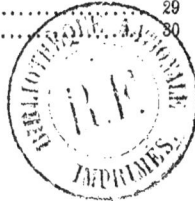

Bar-le-Duc — Typ. L. PHILIPONA 378

OUVRAGES DE M. A. WILHELM

LE DROIT ROMAIN RÉSUMÉ EN TABLEAUX SYNOPTIQUES

Matières de l'Examen de première année (5e *édition*) revue et annotée.......... 2 fr. »
Matières de l'Examen de deuxième année (3e *édition*) revue et annotée...... 2 fr. »

LE DROIT CIVIL RÉSUMÉ EN TABLEAUX SYNOPTIQUES

Matières de l'Examen de première année (5e *édition*)....................... 1 fr. 50
Matières de l'Examen de deuxième année (4e *édition*)...................... 1 fr. 50
Matières de l'Examen de troisième année (3e *édition*)...................... 1 fr. 50

LE DROIT CRIMINEL RÉSUMÉ EN TABLEAUX SYNOPTIQUES

Matières de l'Examen de première année. — *Code pénal.* — *Code d'instruction criminelle*
édition .... 1 fr. 50

LA PROCÉDURE CIVILE RÉSUMÉE EN TABLEAUX SYNOPTIQUES

Matières du deuxième Examen de Baccalauréat. (Art. 48 à 516 du Code de procédure
civile) (3e *édition*).. 1 fr. 50

LES LOIS MILITAIRES RÉSUMÉES EN TABLEAUX SYNOPTIQUES

Armée de terre. — Armée de mer. — Volontariat. — Réserves. — Armée territoriale. —
Pénalités. — Réquisitions. — In-8 (2e édition)............................... 1 fr. »

Bar-le-Duc. — Typographie L. PHILIPONA et Ce — 176

www.ingramcontent.com/pod-product-compliance
Lightning Source LLC
Chambersburg PA
CBHW060456210326
41520CB00015B/3974